ROBERT F. HERMANN

TRAUMGESCHICHTEN

ROBERT F. HERMANN

TRAUMGESCHICHTEN

EIN BUCH ZUR
KREATIVEN ENTSPANNUNG

Die Deutsche Bibliothek - CIP-Einheitsaufnahme

Hermann, Robert F.:
Traumgeschichten: ein Buch zur kreativen Entspannung; das weise Yanou ...
und andere märchenhafte Entspannungsreisen ins Reich der Phantasie /
Robert F. Hermann. - Landsberg am Lech: mvg-verl., 1996
   (mvg-Paperbacks; 528)
   ISBN 3-478-08528-4
NE: GT

Das Papier dieses Taschenbuches wird möglichst umweltschonend
hergestellt und enthält keine optischen Aufheller.

Titel der Originalausgabe: „Traumgeschichten", erschienen bei Easy Way
Music, Verlag für Entspannungs-, Meditations- und Klangtherapeutische
Medien

© 1996 by Robert F. Hermann

Veröffentlicht mit freundlicher Genehmigung des Easy Way Music Verlages,
Willich, in der Taschenbuchreihe des mvg-verlages im verlag moderne
industrie AG, Landsberg am Lech

CoverArt: „Der Berg Yanou", Seidenmalerei von Gabriele Löwel, Willich
Umschlaggestaltung: Gruber & König, Augsburg
Satz: CCI Computer, Willich / Wolfgang Appun, München
Druck- und Bindearbeiten: Presse Druck Augsburg
Printed in Germany 080 528/2964502
ISBN 3-478-08528-4

Inhalt

TEIL 2 - Traumgeschichten -

Phantasie ist wie ein Muskel.
Wir alle werden damit geboren,
doch wir müssen diese Fähigkeit trainieren.
Je mehr Träume wir ausleben,
ein desto reicheres
Ideenleben entwickeln wir.

Jostein Gaarder
(Autor von *Sofies Welt*)

TEIL 1

VORWORT

Viele von uns stehen unter Druck und Streß - und das nicht zu knapp. Im vorliegenden Buch geht es - wie der Titel bereits ahnen läßt - um Geschichten, die uns zum Träumen, Entspannen und Phantasieren einladen. Sie wurden konzipiert, um die in uns allen vorhandenen Phantasiepotentiale anzuregen und dadurch einen entspannenden und harmonisierenden Ausgleich zu unserem Alltag zu schaffen.

Durch die Beschäftigung mit Dingen, die nicht zu unserer täglichen Realität gehören, können wir uns einen wertvollen Gegenpol zu unserer oft hektischen Welt mit all ihren Aufgaben und diversen Anforderungen schaffen.

Wer von uns hat sich nicht schon einmal dabei erwischt, wie er schönen bewegten Bildern nachhing, vor sich hin (tag-) träumte, und sich mit all seiner Phantasie in einer ganz anderen Welt wiederfand?

Träumen - ob bei Tag oder bei Nacht - ist mit der uns innewohnenden Phantasie stark verbunden. Denn sie ist einer der Hauptpfeiler für Kreativität und Schaffensreichtum und letztlich mit einer unserer wichtigsten Antriebsaggregate für Kraft und Energie, die wir aus unserem Inneren beziehen. Ähnlich einem Auto, daß zum „Energietanken" an die Zapfsäule vorfährt und dort im *Ruhezustand* neuen Kraftstoff aufnimmt, ist es auch uns möglich, über das Visualieren und Phantasieren neue Kraft zu „tanken". Am besten funktioniert dies im Ruhezustand.

Das Zauberwort heißt hier also *Entspannung*. Denn in dem Augenblick, in dem wir träumen, phantasieren, schönen Gedanken nachgehen, befinden wir uns bereits in einem entspannten Zustand, ohne diesen bewußt herbeigeübt zu haben. Er ist ein Nebenprodukt unserer tagträumerischen Phantasie.

Umgangssprachlich finden wir etwas traumhaft, märchenhaft - wenn es sich um etwas besonders Schönes handelt. Das zeigt, daß Träumen von uns grundsätzlich als etwas Positives empfunden wird. Vielleicht passieren uns sogar Dinge, die wir uns nur in unseren *kühnsten Träumen* vorstellen konnten. Der Zustand des Träumens an sich verbindet uns auch mit dem Begriff der Freiheit. Denn in unseren Phantasien steht uns alles offen, wenn wir uns nur erlauben, uns diese Freiheit zu nehmen. Wir sind *frei*, uns in unseren Träumen etwas auszumalen, uns Vorstellungen zu schaffen; wir haben die Freiheit und können uns entscheiden, ob und was wir vor unserem inneren Auge ablaufen lassen.

Mit Träumen verbinden wir in unserer Begriffswelt also nicht nur das „filmische Erleben" während des Schlafens, sondern auch: Vorstellungskraft, Phantasie, Schönes, Positives und - Ruhe. Entspanntsein. Gelassenheit. Die *Vorstellung* an eine entspannte Atmosphäre kann bei uns bereits Wohlgefühle hervorrufen.

Die „klassischen" Entspannungsmethoden setzen jedoch oft voraus, daß die angestrebten Entspannungsmomente von uns ganz gezielt durch Fleiß, Übung und vor allem Konzentration erlangt werden. Aber genau diese Anforderungen werden uns im Alltag auch gestellt, so daß es verständlicherweise gerade den Einsteiger oft erhebliche Überwindung kostet, sich auf Entspannung zu *konzentrieren*. Oftmals stellen sich die erwarteten Ergebnisse auch nicht sofort ein. Nicht nur Ungeduld oder eine zu große Erwartungshaltung mag die Ursache dafür sein; vielen ist es einfach nicht möglich, sich so ohne weiteres aus dem Streß des Arbeitstages heraus zu lösen und auf etwas zu konzentrieren, für das sie bereits eine gewisse Ruhe als Voraussetzung mitbringen müssen. Methoden wie z.B. das Autogene Training sind sehr populär; hat man erst die recht technische Grundausbildung erfolgreich abgeschlossen, stellen sie eine hervorragende Möglichkeit dar, Entspannungsmomente gezielt und nach Belieben herbeizurufen. Leider kommen jedoch in der Praxis viele Teilnehmer über das Anfangsstadium aus oben beschriebenen Gründen nicht hinaus. Das Erlernen ist vielen zu „stressig".

Entspannung kann jedoch auch ein automatischer Prozess sein. Sie stellt sich überall dort ein, wo wir die Konzentration (also die gebündelte Aufmerksamkeit) auf etwas zurücknehmen, die Gedanken schweifen- und vor allem *loslassen*; der Moment eines Tagtraumes zum Beispiel offeriert uns die Möglichkeit, unsere kreativen Fühler außerhalb der engen Grenzen des Alltags räkeln lassen zu können. In dem Moment, wo wir unserer Phantasie freien Lauf lassen, uns auf Weite einstellen, dort wo wir nicht tun müssen, sondern einfach nur geschehen lassen - stellt sich Entspannung ganz von selbst ein. Alles, was wir dazu benötigen, ist die Bereitschaft, mit unserer Phantasie einen Spaziergang zu unternehmen. Alles andere kommt von selbst.

Jener „Anti-Technik", dem zwanglosen Entspannen, wollen wir uns nachfolgend widmen. Sicherlich haben wir auch ein Ziel vor Augen, nämlich kreative Entspannungszustände zu erreichen. Aber selbst wenn dies nicht oder nicht immer gelingen sollte, gehen wir nicht leer aus. Die Beschäftigung mit Phantasie ist immer ein Gewinn.

Dieses Buch offeriert daher keinen revolutionär neuen Weg, um Entspannungsmomente zu kreieren, sondern bietet eine einfache Alternative, die unseren Alltagsgewohnheiten Rechnung trägt; nach einem arbeitsreichen Tag bringen wir oftmals einfach nicht die *Geduld* auf, an einer bestimmten Entspannungstechnik zu üben, die von uns bereits im Vorfeld verlangt, vollkommen abzuschalten. Gerade deshalb könnte die hier vorgestellte „zwanglose Methode" als begleitende oder insbesondere einleitende Unterstützung in Kursen zum Erlernen bestimmter Entspannungstechniken eingesetzt werden.

Zum einen kann sie die innere Bereitschaft, sich an einer weiterführenden Methode erfolgreich zu versuchen, fördern, zum anderen erhöht sich die Wahrscheinlichkeit, daß die Kursteilnehmer eine gewisse Grundruhe beim späteren Erlernen der Techniken bereits mitbringen, da sie dann schon über erste Erfolgserlebnisse mit geführter Entspannung verfügen.

Für jene, die (noch) kein starkes Interesse an speziellen Entspannungsmethoden oder -techniken aufbringen können oder wollen, stellen die nachfolgenden *Traumgeschichten* eine Möglichkeit dar, ohne konzentriertes Üben in einem freien Moment einfach abzutauchen, gedankliche Wellen zu glätten oder Abstand von momentanen Gedankenkreiseln zu bekommen - ohne unter Zugzwang zu geraten, eine bestimmte Technik erlernen oder gar beherrschen zu *müssen*.

Ganz bewußt erscheint *Traumgeschichten* in Buchform und nicht auf Cassette. Denn dieses Medium kann auch und gerade in der Gruppe eingesetzt werden und bleibt trotz gewisser Vorgaben variabel; einerseits kann man die Geschichten dann nicht nur hören, sondern auch lesen. Andererseits ist man an keinen bestimmten Sprecher gebunden; auch hat der Gruppenleiter mehr Möglichkeiten, die vorgegebenen Geschichten an seine eigene Persönlichkeit und/oder die momentanen Erfordernisse anzupassen. In Kombination mit der zu diesem Buch erschienenen Musik-CD/MC *Traumklang* können auch die Musikstücke individuell zu den verschiedenen Geschichten ausgewählt werden; ganz so, wie man es gerade braucht. Die Elemente sind also austauschbar und können miteinander verknüpft werden; dadurch entsteht ein breites Spektrum von Anwendungsmöglichkeiten, das flexibel einsetzbar ist.

Mit *Traumgeschichten* und *Traumklang* werden Atmosphären geschaffen, die in andere, nicht in unserem normalen Alltagsleben vorhandene Phantasiebereiche führen; einige Geschichten erscheinen daher ganz bewußt recht „mystisch"; sie sollen uns ein wenig weiter tragen als das, was wir bereits kennen und in unseren „normalen" Erfahrungsbereich integriert haben - in neue Bereiche, auf die wir im Alltag nicht so oft stoßen. Dadurch wird unsere Vorstellungskraft neu sensibiliert, auch unsere Emotionalität und unser bildhaftes Denken werden durch das Schauen in Neues, Unbekanntes nachhaltig stimuliert. Indem wir über den Rand des Alltäglichen schauen, indem wir Neues entdecken, unsere Sinne mit neuen Eindrücken versehen, erweitern wir unseren Horizont. Als Ergebnis erhalten wir neue Inspiration und Kreativität für unseren Alltag.

Streß und Gelassenheit

Jeden Tag strömt eine Vielzahl von Ereignissen auf uns ein. Sowohl beruflich als auch privat werden wir alle gefordert; Problemstellungen - gleich welcher Art - helfen uns zwar, uns weiterzuentwickeln, professioneller zu werden und unsere Fähigkeiten zu vervollkommnen; doch nicht immer geht dies reibungslos ab. Wie oft fühlen wir uns schlicht überfordert? Im Allgemeinen verbringen wir zwei Drittel und mehr unserer wachen Zeit in einem Strudel uns betreffender Ereignisse und Anforderungen, auf die wir irgendwie zu reagieren haben.

Anforderungen, die in gebündelter Form auf uns einwirken und von denen wir subjektiv überzeugt sind, daß wir uns ihnen JETZT widmen müssen, bzw. deren Abarbeitung mehr oder minder gleichzeitig ansteht, lassen Streß entstehen. Auch eine einzelne Situation, die für uns ein äußerst unangenehmes oder scheinbar unlösbares Problem beinhaltet, kann, ebenso wie eine akute Gefahrensituation, Streß verursachen. Streß ist also das Ergebnis einer inneren Konfliktsituation.

Konflikte: Abhängigkeit zur Situation

Ein innerer Konflikt entsteht z.B. dann, wenn wir der Auffassung sind, keine Übersicht bzw. Kontrolle mehr zu haben. Aus diesem subjektiv empfundenen Mangel entsteht Druck. Druck hat etwas mit Kraft zu tun. Kraft widerum ist gebündelte und auf etwas konzentrierte (gespannte ...) Energie. In welcher Intensität diese (von uns selbst geschaffene) konzentrierte Energie dann auf uns einwirkt, bzw. wie wir sie für uns nutzbar machen, hängt davon ab, in welchem Grad der Abhängigkeit wir uns zum „Problem" befinden. Identifizieren wir uns zu stark mit ihm, frißt es uns.

Druck / Spannung / Kompression

Nun heißt es, wir leben in einer „schnellebigen" oder hektischen Zeit. Mehr Dinge - so sagt man - müssen heutzutage in kürzeren Etappen als früher erledigt werden. Die Abarbeitung von Aufgaben wird gezielt in eine kürzere zeitliche Spanne gezwängt. Durch diese Kompression entsteht in der Regel Druck, da wir uns in Abhängigkeit zu dem Gelingen der Ereignisse in unserem Sinne begeben (Identifizierung mit Sachzwängen). Druck benötigt Kraft. Kraft setzt Spannung voraus ...

Das Problem ganz allgemein liegt darin, daß wir eine Menge Druck erhalten, Druck erzeugen und somit Kraft einsetzen, die eine mehr oder weniger lang andauernde Spannung voraussetzt. Je länger die Spannung andauert, desto weniger Zeit bleibt, die notwendige Kraft durch Sammlung und *Ent*spannung zu kreieren und aufrecht zu erhalten. Mit anderen Worten: Zu viel von allem - und alles auf einmal.

Gleichgewicht, Balance

Je mehr Streß und Hektik wir in unserem täglichen Leben haben, je mehr Spannung wir empfinden, desto mehr Entspannung benötigen wir als Gegenmittel, um die *Spannkraft* zu erhalten. Unsere Leistungsfähigkeit ist in sehr starkem Maße davon abhängig, inwieweit wir uns in der Lage sehen, Gegenakzente zu setzen. Das Endziel ist, weder das Eine noch das Andere überzubetonen, sondern die Balance, die Mitte, das Gleichgewicht zu halten. Die Überbetonung - ganz allgemein - ist unser Feind: Wer leistungsfähig bleiben will, darf sich nicht in Extremen verlieren. Extreme sind hier nicht zu verwechseln mit dem Hinarbeiten auf Höchstleistungen - nur die oftmals einseitige Überbetonung ist es, die uns letztlich zurückwirft - und dies meist im unpassendsten Augenblick.

Streß allerdings *bekämpfen* zu wollen, ist paradox. Denn es herrscht ja bereits eine Art Krieg in unserem Inneren, den wir durch kriegerische Abwehr allenfalls verstärken. Im Falle des Falles ist Hochspannung im Überfluß vorhanden - durch Gegendruck und Gegenpowern werden wir wenig ausrichten, im Gegenteil. Unserem Streß können wir durch *Gegen*angebote begegnen, denn damit setzen wir einen weitgehenden Selbstauflösungsprozeß in Gang. Wir bekämpfen Streß nicht, sondern wir lösen ihn auf: weich, sanft und fließend.

Reaktion auf Streß
Verstand als Kontrollorgan

Streß kann nicht nur körperliche Leiden hervorrufen, sondern auch unseren Gemütszustand in starkem Maße beeinflussen. Der Verstand als Kontrollzentrum und Überwacher gibt uns oft auch schon während der Konfliktsituation die Möglichkeit zur direkten Einflußnahme (die wir meist jedoch nicht nutzen, da wir uns „überrollen" lassen). Indem wir uns zunächst auf der logischen Ebene die Situation vergegenwärtigen, haben wir den ersten Schritt bereits getan, um auf Distanz zu gehen. Distanz und Abstand sind wichtig; dadurch wird eine gewisse übergeordnete Sichtweite erreicht, die verhindert, daß wir uns von einer Situation einschüchtern oder sogar einnehmen lassen. Es ist fast so wie mit luziden Träumen; sobald wir uns bewußt werden, in welcher Situation wir uns befinden, haben wir die Möglichkeit zur gezielten Steuerung der Umstände. Das hört sich zunächst recht einfach an, nicht wahr? Aber neigen wir nicht ohnehin dazu, bestimmten Problemstellungen „aus Erfahrung" einfach den Status „nicht lösbar" zu verleihen? Die Reduzierung auf eine einfache Sichtweise läßt uns erkennen, daß alle uns betreffenden Dinge lösbar sind, ja sogar viel einfacher, als wir mit finsterem Gesicht oft unterstellen.

Entspannung als Gegenpol:
eine Notwendigkeit

Entspannung als Gegenpol zu Spannung birgt viele Synonyme in sich: Loslösung, Distanz, Trennen vom Alltäglichen, von dem gewohnheitsmäßigen Einerlei, für das wir Kraft brauchen. Kraft steht auch für Eigenschaften wie Durchsetzungsvermögen, Anstrengung. Für Kraft ziehen wir unsere Muskeln (und unseren Willen) zusammen, um die Spannkraft zu erzeugen, die dann in einem Moment der Konzentration, der Sammlung entladen, losgelassen wird. Je stärker die Bündelung, desto stärker die Notwendigkeit des darauf folgenden Entspannens. Spannung ist also von der Entspannung abhängig - es ist schlicht unmöglich, die Spannung für einen unbegrenzten Zeitraum zu halten, ohne ihr die Möglichkeit zu geben, sich in einem bestimmten Moment - dem Spannungshöhepunkt - zu entladen und somit zu entspannen. Je stärker die Spannung war, desto höher auch der Grad der daraufhin notwendigen Sammlung. Wer über einen längeren Zeitpunkt seinen Körper trainiert, hat sicher schon festgestellt, daß es einer gehörigen Übung bedarf, diese Phasen der An- und Entspannung entsprechend so auszubalancieren, daß das Optimum erreicht wird.

Was für den Körper zutrifft, gilt übertragen auch für unser mentales System. Der Körper ist nur so stark wie der Geist, der ihn steuert. Und das gilt nicht nur für die Zeiten der körperlichen Anstrengung - sondern für unser ganzes Leben von früh bis spät.

Eines der Gegenangebote zu dauernder Anspannung ist - Ruhe. Doch Ruhe als Vertreter des Gegenteils von Spannung, Hektik, Geschäftigkeit und *Un*ruhe ist nicht jedermanns Sache. Insbesondere dann nicht, wenn man sich an den Streß schon fast gewöhnt hat. Ruhe wird oftmals gleichgesetzt mit Leere und

Stillstand und wird daher von Hektikern gern vermieden.

Es ist keinesfalls so, daß eine innere Ruhe zwangsläufig bedeutet, daß wir uns nun aus dem aktiven Leben verabschieden müssen. Ganz im Gegenteil: durch Ruhephasen werden Energien neu aufgebaut. Körperliche *und* seelische Ruhe bedeutet nicht Leere, sondern Fülle und Reichtum. Der „Tank" wird neu gefüllt: neue Ideen und Kreativität entstehen, neue geistige und körperliche Kräfte werden regeneriert.

Körperliche Entspannung

Eine Möglichkeit, die körperlichen Verknotungen aufzulösen, besteht darin, „Dampf abzulassen", die gebundenen potentiellen Energien in Bewegungsenergie umzuwandeln. Durch entsprechende Fitness- und Bewegungsprogramme schlägt man sogar zwei Fliegen mit einer Klappe: einerseits wird der Körper „getuned" und fit gehalten, andererseits löst man durch die sportliche Tätigkeit die Anspannung im Inneren, so daß die blockierten Energien wieder freien Fluß haben.

Auch ein Bad oder eine Massage bieten eine gute Möglichkeit, den „Streßvirus" für eine Weile in seine Grenzen zu weisen.

Durch körperliche Aktivität alleine ist man jedoch vor Neubildung von Streß nicht geschützt.

Geistige Entspannung

Streß überträgt sich vom Geist auf den Körper. Durch Sport und körperliche Betätigung reduzieren wir die körperlichen Auswirkungen von Streß. Das an sich ist schon sehr positiv, nur schützt es nicht vor zukünftigen Streßattacken.

Da wir heutzutage den Verstand mehr oder minder überbetonen, sollte das Ziel darin liegen, dem Geist neue Energien zukommen zu lassen, damit das Gleichgewicht in etwa wieder hergestellt wird und wir auf Streßsituationen entspannter reagieren können.

Gelassenheit ist ein Zustand dauernder Entspanntheit und verhindert, zumindest jedoch reduziert, das Aufkommen von Streßsituationen. Indem wir unsere Aufmerksamkeit auf unsere vorhandenen Energien, Gedankenmuster und Gefühle lenken und lernen, verschiedene Ereignisse einzelnen Kategorien zuzuordnen, wächst nicht nur unser Verständnis für einzelne Aufgaben, sondern wir sind auch eher in der Lage, sie zu bewältigen.

Wenn wir unsere Energien durch bewußte Betrachtung neu nutzen, werden wir nicht nur zu entspannten, streßfreien Menschen, die wesentlich leistungsfähiger sind, sondern setzen auch neue Potentiale in uns frei. Wenn wir bislang zuviel Hektik, zuviel Streß, zuviel von allem und das gleichzeitig hatten, ist es nun an der Zeit, sich diesen Potentialen in aller Ruhe zu widmen: Um dadurch die Balance, die Mitte zu finden, die uns letztlich zu *mehr* führt:

Zu
- mehr Freiraum,
- mehr Zeit,
- mehr Motivation,
- mehr Kraft !

Methoden und Techniken

Die Erfahrung hat gezeigt: Je mehr bewußte Technik angewandt wird, desto größer ist die Ablehnung insbesondere bei Einsteigern. Das „konzentrierte Entspannen" bedeutet mentale Kraftanstrengung, und dadurch verlassen wir den Bereich der eigentlich anvisierten Loslösung, des Geschehenlassens. Konzentration verlangt von uns, etwas zu *tun*.

Für den Fortgeschrittenen kann es hilfreich und zweckmäßig sein, weitere Formen der Tiefenentspannung zu ergründen und sich mit Techniken zur Vertiefung bestimmter Entspannungsformen zu beschäftigen.

Dem Einsteiger fällt es anfänglich jedoch sehr schwer, sich zu konzentrieren, ohne dabei eine konzentrierte Spannung zu erzeugen. Somit kommt er von der einen in die andere Spannung - und erreicht letztlich nicht das gewünschte Ergebnis.

„Techniken", bei denen man etwas tun muß, um ein gewünschtes Ergebnis zu erhalten, unterliegen in der Regel nach kurzer Zeit dem Faulheitsmechanismus - es ist zu anstrengend, sich auf ungewohnte Techniken einzulassen. Folglich läßt auch der erhoffte Erfolg auf sich warten. Frustriert und demotiviert hört der Übende nach recht kurzer Zeit auf.

Unsere Welt steckt voller Technik. Hinter aller Technik steckt ein logischer Grundgedanke. So ist es nicht verwunderlich, daß wir unser Leben und vor allem unsere Denkgewohnheiten sehr stark auf technische (logische) Grundgedanken aufbauen. Eine Folge davon ist mitunter, daß wir selbst dann, wenn wir loslassen und für eine Weile auf Distanz gehen wollen, um mit unseren inneren Welten zu kommunizieren, Techniken erfinden, die uns dorthin führen sollen, ja, die es erst möglich machen sollen, das „gewünschte Ergebnis" zu erzielen. Daß sehr viele Leute mit diesen Techniken nicht zurechtkommen, zumal dann, wenn sie mit aller Macht daran arbeiten, ist nicht verwunderlich. Wir sind es im Beruf und selbst im privaten Kreis gewohnt, für das, was wir erreichen wollen, hart zu arbeiten. Das Loslösen, das Entspannen hingegen ist ein an sich weicher, sanfter Prozess. Er entzieht sich den Gesetzen der reinen Willenskraft. Vielmehr ist unsere Vorstellungskraft, die die Phänomene der Phantasie und Gefühle leitet, ausschlaggebend für unsere Fähigkeit, uns mit unseren inneren Welten zu beschäftigen.

Entspannung ist ein vom Wesen her ganz natürlicher, dem Prinzip von Ebbe und Flut ähnelnder Prozess. Von daher ist es (nicht nur am Anfang, aber insbesondere dort) durchaus zweckmäßig, sich auf diese Natürlichkeit zu besinnen und sich einfach hinzugeben. Tagträumen. Einfach nichts tun. Sich auf den Moment besinnen. Gedanken durchlassen. Träumen. Phantasieren. Vielleicht nehmen wir ein Bad, trinken ein Glas von einem guten Getränk - während wir eintauchen in eine ruhige Atmosphäre ... schöne entspannende Musik im Hintergrund ... - allein eine solche Aktion kann ein sehr meditatives Erlebnis und die damit verbundene Entspannung vollkommen sein.

Auf die Art der Stimulation kommt es letztlich gar nicht an. Die Hauptsache ist, sich nicht wieder neuen Zwängen zu unterwerfen; sondern sich auf gelassene und „relaxte" Art zumindest für einen bestimmten Zeitraum innerlich von Sachzwängen frei zu fühlen, abzuschalten und bereit zu sein, neue Energien kreieren zu lassen.

Das große Geheimnis ist, daß dies mehr oder weniger von selbst geschieht - wenn man entsprechende Rahmenbedingungen schafft.

Vor diesem Hintergrund soll dieses Buch mit seinen Geschichten und die hierzu erschienene Musik-CD/MC Hilfsmittel und Stimulation sein. Sie sollen helfen, unsere Vorstellungskraft und Phantasie neu anzuregen. Die Möglichkeit zur Schaffung einer Stimmung, eines Gemützustandes, in welchem wir empfänglich(er) sind für Träumereien und Gefühle und unserem „inneren Kind" dadurch vielleicht wieder ein Stück näherkommen. Unsere damit verbundene Naivität im positiven Sinne wiederzuentdecken, wo wir nicht durch logische Vorarbeit unseres Verstandes daran gehindert werden, Freude zu empfinden.

Die anzuwendende „Technik" ist also das Geschehenlassen, das Träumen, das Nichts-Tun. Seinen Phantasien und Träumen in einem positiven Rahmen freien Lauf lassen. Sich positiven und stimulierenden Gedanken hingeben. Das ist auch schon alles. Und genau das ist das Geheimnis von entspannten Menschen. Sie lassen zunächst nur geschehen und widmen sich den Dingen „in aller Ruhe".

Anwendung

Generelle Anwendung

Die hier vorgestellten Phantasie- und Traumreisen zielen darauf ab, positive und beruhigende Bilder zu kreieren.

Viele Traumreisen haben einen leicht suggestiven Charakter. Der Aufbau innerer Gelöstheit, Wärme etc., ist vielleicht bereits aus dem Autogenen Training bekannt. Die Konzentration auf bestimmte Körperteile wurde größtenteils vermieden und durch „gelassene Aufmerksamkeit" ersetzt, bei der automatisch eine innere Gelöstheit entsteht, ohne daß man sich mental darauf einstellen muß.

Positive Suggestionen sind eingebettet worden, um das Unterbewußtsein zu stärken, und die in jedem von uns enthaltenen inneren Kräfte zu fördern bzw. zu stabilisieren.

Die Art des Einsatzes kann individuell vorgenommen werden:

Anwendung - Alleine

Sofern man eine Traumreise alleine machen möchte, besteht die Möglichkeit, es sich (z.B. bei Kerzenlicht) gemütlich zu machen, eine meditative Musik im Hintergrund laufen zu lassen und sich eine Traumreise einfach durchzulesen. Lassen Sie sich durch aufkommende Bilder einfach positiv stimulieren.

Eine weitere Möglichkeit besteht darin, sich eine Traumreise vorlesen zu lassen. Dabei ist es wichtig, daß langsam vorgelesen wird, damit der oder die Zuhörende(n) auch genug Zeit haben, die Sätze entsprechend in Bilder umzusetzen.

Es ist natürlich auch möglich, sich eine Traumreise für den eigenen Gebrauch auf Cassette aufzunehmen. Man hat dann ziemlich schnell heraus, wie und vor allen Dingen wie schnell man sprechen muß, um in den optimalen Genuß einer Phantasiereise zu kommen.

Haben Sie schon ein wenig Erfahrung mit der einen oder anderen Phantasiereise gemacht, stellen jedoch fest, daß Ihre Gedanken abschweifen, Sie so gar nicht bei der Sache, oder nach einer Weile mit Ihren Gedanken ganz woanders sind: Das ist nicht schlimm. Zwingen Sie sich nicht, sich zu konzentrieren. Lassen Sie sich einfach gehen, lassen Sie sich auf Bilder ein - *das* ist Entspannung. Die hier vorgestellten Möglichkeiten sollen Sie unterstützen, sich zu entspannen. Es ist dazu nicht notwendig, sich auf bestimmte Bilder zu fixieren. Im Gegenteil: Hier kommt es auf das Geschehen-Lassen an, nicht auf das Erzwingen. Seien Sie auf jeden Fall geduldig. Selbst wenn Ihnen am Anfang allerlei durch den Kopf geht - seien Sie mit allem einverstanden.

Gruppenentspannung

Oben Genanntes gilt erst recht in der Gruppe. Gerade hier ist man verleitet, anfänglich eine gewisse Grundnervosität mitzubringen. Auch die „Reiseleiter" sollten sich keinem Zugzwang unterwerfen. Denn diese Form von Nervösität ist eigentlich nichts anderes als die gespannte Vorfreude auf ein kleines Abenteuer verbunden mit einer kleinen Grundangst, ob man denn auch alles richtig machen werde. Seien Sie beruhigt: Sie können eigentlich nichts falsch machen. Hier kommt es nicht auf Technik an, sondern auf Gefühl. Sie sind Geschichtenerzähler, Vermittler von Bildern aus der Welt der Phantasien, die alle in uns schlummern.

Ein ganz wesentlicher Vorteil der Gruppenentspannung ist, daß mehrere Personen gemeinsam eine „Insel der Ruhe" kreieren, ein geographisches Feld der Ausgeglichenheit, das - versorgt vom Input vieler - eine ganz andere Intensität erfährt, die sich dann wieder - in gebündelter Form - auf die Teilnehmer zurücküberträgt.

Schön an der Gruppenentspannung ist auch (sofern die Gruppe dies als wünschenswert beschließt), daß man hinterher an den Erfahrungen teilhaben kann, die die anderen gemacht haben. Nicht um abzusehen, ob bei einem selbst auch alles in Ordnung war (denn das war es ganz sicherlich), sondern um den eigenen Horizont durch andere Perspektiven zu bereichern. Denn nur objektiv war die Phantasiereise für alle gleich - jeder einzelne lebte andere Bilder, fühlte unterschiedliche Gefühle und kehrte grundsätzlich von einer ganz anderen Reise zurück.

Anfang und Ende der Entspannung

Jede Geschichte ist in sich selbst abgeschlossen und für sich alleine tragfähig. Es kann von Vorteil sein, vor dem eigentlichen Beginn einer Geschichte eine kleine Entspannungsübung durchzuführen oder etwa die Geschichte *Sonderzug nach Phantasia* vorzulesen. Sie ist so gestaltet, daß von ihrem Ende aus jede weitere Geschichte angeschlossen werden kann.

Im Verlaufe einer Geschichte kann es Ihnen passieren, daß Sie zunehmend in immer tiefere Entspannungszustände geraten - bis hin zum Einschlafen. Vielleicht bekommen Sie das Ende der Phantasiereise auch gar nicht mehr bewußt mit.

Sofern Sie die Entspannung im privaten Bereich zu Hause praktizieren, insbesondere abends vor dem Einschlafen, brauchen Sie sich nicht mehr darum zu kümmern, wach zu werden.

Üben Sie die Entspannung in der Gruppe oder tagsüber aus, werden Sie um das Erwachen bzw. die „Rückholung" in der Regel nicht herumkommen.

Das Erwachen ist eine Phase für sich. Machen Sie ein kleines Ritual daraus. Für den Fall, daß Sie nicht eingeschlafen sind, werden Sie von ferne mitbekommen, daß die Reise zu Ende geht. Solange Sie alleine oder in einer Zweiergruppe sind, können Sie individuell bestimmen, wie lange Sie in diesem Zustand bleiben wollen. In der Gruppe hingegen wird allgemeines Erwachen angesagt sein.

Gehen Sie bitte grundsätzlich davon aus, daß die Aufwachphase *mindestens* einen Zeitraum von 5 - 10 Minuten beansprucht. Der „Reiseleiter" kann helfen, indem er eine Rückführungsreise durchführt, wie z.B. die Geschichte auf Seite 149.

Lassen Sie generell die Augen zunächst noch geschlossen, und springen Sie nicht gleich auf.

Kommen Sie langsam und gemächlich wieder ins Hier und Jetzt. Schritt für Schritt, wie auf einer Treppe, die nach oben führt, gehen Sie langsam und ruhig die Stufen bis ins Erdgeschoß, dem Wachbewußtsein, empor. Sofern Sie sich fit fühlen, machen Sie die Augen langsam auf. Orientieren Sie sich erst ein wenig. Wenn Sie mögen, räkeln und strecken Sie sich erst, verschaffen sich ein Gefühl für Ihren Körper. Erst dann sollten Sie daran denken, wieder aufzustehen.

Lassen Sie die Entspannungsreise ruhig noch auf sich einwirken. Verlieren Sie sich nicht sofort in geschäftigem Treiben. Wenn Sie wollen, schreiben Sie Ihre Erlebnisse auf - vielleicht hatten Sie bereits während der Entspannung eine kreative Idee?

Die Welt ist Klang ...

Wer neue Ufer erkunden will - egal in welche Richtung - braucht heutzutage nur den Arm auszustrecken und kann aus dem Vollen schöpfen. Für jedes Thema, für jeden Bereich gibt es unzählige Bücher, Magazine, Seminare, Filme. Der Aufwand, den man heutzutage betreiben muß, liegt zunächst einmal in der Auswahl. Allein für den Bereich „Entspannung" ist ein vollständiger Überblick fast kaum noch möglich. Diese Fülle ist an sich sehr positiv - denn sie spiegelt einerseits wider, daß ein enormer Bedarf besteht, andererseits unterliegt sie - gerade auch durch die steigende Anzahl der Menschen, die sich mit der Übermittlung der Inhalte beschäftigen - einem stetigen Reifungsprozeß, und stellt somit eine ständige Weiterentwicklung sicher. Man kann sagen, daß unsere Gesellschaft sich auf dem Weg befindet, nach Jahrzehnten der überbetonten, kopflastigen Konzentration festzustellen, daß diese Überbetonung, dieses Extrem auf die Dauer für unsere Kreativität und generelle Leistungsfähigkeit recht ungesund ist.

Aber diese allgemeine Erkenntnis ist ein langsamer, fließender Prozeß. Von der Logik, vom verstandesmäßigen, rationalen, recht automatisierten Denken zum Hinhören nach Innen. Vom „Tun, Machen, Agieren" hin zum „Visualisierten Handeln". Vom Lärm der teilweise blinden Geschäftigkeit der Straßen, Büros und Fabrikhallen hin zum Ton der Stille. Alle Geschäftigkeit, alles Treiben, alle unsere vereinten Aktivitäten basieren auf dem Austausch von Ideen - und dem Heraustragen dieser Ideen und inneren Werte in die Außenwelt. Die Übermittlung von inneren Bildern, Visionen nach „draußen" geschieht durch Kommunikation. Nun haben wir in der Regel keinen Projektor zur Verfügung, der unsere inneren Bilder auf eine Leinwand wirft - also sind wir hinsichtlich der Übermittlung unserer Ideen auf ein Lautsystem angewiesen - die Sprache.

Als den Menschen zu Babylon einst die gemeinsame Sprache genommen wurde, war das Chaos perfekt. Sie konnten sich nicht mehr direkt untereinander verständigen, weil jeder zur Beschreibung ein und derselben Sache unterschiedliche Laute verwandte. Im Laufe der Jahrhunderte hat die Menschheit Mittel und Wege gefunden, die fremden Laute anderer Kulturen zu übersetzen. Übung und Fleiß vorausgesetzt, ist es heute kein Problem mehr, fremde Sprachen zu erlernen. Dennoch stellt die Vielfalt der Sprache auch heute noch für viele ein Hindernis dar.

Unsere ursprüngliche „Muttersprache" ist uns jedoch geblieben und wurde im Laufe der Jahrtausende immer weiter verfeinert: die Musik. Sie ist so vielseitig wie die Anzahl der Kulturen auf unserer Erde und wird unabhängig von Landessprachen oder -grenzen überall verstanden: Musik ist grenzenlos, universal und multinational. Sie verbindet unterschiedliche Mentalitäten, Traditionen und Bräuche, vereint auf wundersame Weise viele Menschen dieser Erde und läßt sie als großes Ganzes miteinander verschmelzen.

Als Universalsprache fangen die wahren Fähigkeiten von Musik dort an, wo unser normales Sprachsystem versagt: wo Freude, Glück und Liebe als zentrale Elemente unseres Seins zum Ausdruck kommen, sind sie mit Worten nicht zu beschreiben - nur durch Musik sind diese tiefgreifenden und aus unserem Innersten kommenden Werte vermittelbar.

Musik geht also in die Mitte unseres Herzens, überträgt Visionen und Emotionen; sie schafft es, uns innerhalb von Sekunden in neue Bereiche zu heben, neue Gefühle in uns zum Erwachen zu bringen und ungeahnte Kräfte in uns zu mobilisieren. Wir erhalten die Möglichkeit, uns unabhängig von Raum und

Zeit zu bewegen, neue Orte zu besuchen, ja sogar neue Realitäten zu schaffen. Denn - wie oben erwähnt - unsere Welt besteht
aus Realitäten, die einst unser Geist erschuf; alles, was wir er-
schaffen, basiert auf einer Idee, einer Erfindung, die zunächst
erst einmal in unseren Köpfen existiert. Bilder, die unser Geist
erschafft, werden nach der Visualisierung mit dem Verstand verknüpft und danach auf die Handlungsebene übertragen.

Musik kann also Träger eines ganz wesentlichen Faktors für
die Schaffung von Visionen sein; vor allem stärkt sie jedoch unsere Emotionen und somit auch unser bildhaftes Denken.

Das ist mit einer der Gründe, warum dieses Buch in Kombination mit Musik erscheint. Die in diesem Buch erscheinenden
„Lautzeichen" - sprich Worte - haben, im adäquaten Umfeld ge-
prochen bzw. gelesen, eine Macht, uns aus der logischen, verstandesmäßigen Welt für einen begrenzten Zeitraum zu entführen.

Musik hingegen hilft, die entsprechenden Emotionen zu erzeugen; sie ist eine Lautsprache der anderen Art. Während
Worte bestimmte Bilder vorgeben und zunächst den Verstand
passieren, bis dieser - bei steigender Entspannung - seine Filter-
funktion nach und nach zurücknimmt, braucht Musik den Verstand nicht zu passieren. Sie trifft ihr Ziel - unseren Gefühlskör-
per - direkt und ohne Umwege. Hinzu kommt, daß die durch
Musik entstehenden Bilder absolut einmalig und individuell beim
Zuhörer sind.

Die parallel zu diesem Buch erschienene CD/MC *Traumklang* ist ein zusätzliches Hilfsmittel zur Erzeugung von Ent-
spannungszuständen. Sie verhilft zu einer Verschmelzung von
Gefühlen, die - geweckt aus den unterbewußten Schichten unserer Persönlichkeit - an die Oberfläche kommen und dort zu neuer
Inspiration auftauen.

Letztlich steht es jedem frei, in welcher Form er die hier zur Verfügung gestellten Möglichkeiten nutzen möchte. Das eine ist vom anderen nicht wirklich abhängig. Das Buch und die darin enthaltenen Phantasiereisen alleine können auf vielfältige, der eigenen Persönlichkeit und Neigung entsprechenden Art und Weise genutzt werden. Die Musik widerum ist für sich alleine tragfähig und wird zudem in manchen Situationen aufgrund ihrer Universalität sicherlich das bevorzugte Medium sein.

Die dritte Möglichkeit besteht in der Kombination von Buch und CD/MC: Lassen Sie die Musik zur Einstimmung spielen, sich in die entsprechende Stimmung und Gelassenheit versetzen, drehen Sie dann die Musik etwas leiser, und lassen Sie sie während des Vorlesens der Geschichte(n) im Hintergrund laufen. Die bei der Phantasiereise entstehenden Bilder können Sie dann nach dem Ende des (Vor-)Lesens mit Hilfe der Tonschwingungen weiter ausbauen.

TEIL 2 -
TRAUMGESCHICHTEN

VORGESCHICHTE:
SONDERZUG NACH PHANTASIA

Ich befinde mich in einem Bahnhof
Mein Zug steht schon am Gleis
Die Türen sind weit und einladend geöffnet
Ich gehe hinein und setze mich
in ein Abteil
Dieser Zug ist ein besonderer Zug,
denn er fährt nur für mich
Auf dem kleinen Abteiltischchen steht
eine Fernbedienung mit zwei Tasten
Eine für Start und eine für Stop
Ich mache es mir gemütlich
Die Sitze sind so weich und mollig,
daß ich fast darin versinke
Ich nehme die Fernbedienung und drücke auf „Start"
Ich höre ein leises Summen
Die hydraulischen Türen des Zuges schließen leise
und der Zug setzt sich geräuschlos auf seinem
Luftkissen in Bewegung
Nach einer Weile wird es dämmrig im Abteil
Ein sanftes, indirektes Licht beleuchtet den Raum
und eine angenehme Stimme verkündet:

„Mache dich bereit für eine Reise in deine Phantasie
An einen Ort Deiner Wahl
Ich bringe dich an jeden Ort
wohin immer es dir beliebt

Mache es Dir bequem
Kuschle Dich ein
Lasse Dich von mir tragen"

Ich bringe mich in eine angenehme Lage
Mache es mir so richtig gemütlich
und beschließe, mich auf eine angenehme Reise
in die Welt der Phantasie zu begeben

Ich atme ein paar mal kräftig ein
und aus
Eventuelle Spannungen atme ich einfach aus
Sie verlassen meinen Körper mit dem Atem
Einfach so ...

Mein Kopf liegt bequem
Meine Schultern liegen bequem
Mein Rücken liegt bequem
Ich liege bequem und entspannt
Meine Arme und
meine Hände sind locker
Meine Beine sind locker
Ich bin insgesamt gelöst, locker und entspannt

Ich brauche mich auf nichts zu konzentrieren
Ich höre einfach nur zu
lasse geschehen, brauche nichts zu tun
Lasse mich entführen

Gedanken dürfen kommen und gehen
ich lasse sie einfach durch mich hindurch
Ich darf träumen
und mich einfach nur wohlfühlen
Ich fühle mich warm und entspannt
und freue mich auf meine
Reise in die Phantasie ...

MORGENANDACHT

Ein schöner Morgen
noch ist es ruhig
Und während sich die Sonne langsam anschickt
in tiefem Orange aufzustehen
den Morgendunst zu durchdringen
Wärme zu verbreiten
die Herrschaft für den Tag anzutreten
die Welt wieder von oben zu betrachten
- stimmen die Vögel ihre Morgenhymne an
begrüßen den neuen Tag
jubilieren und freuen sich des Lebens
Ein neuer Tag ...
... welche Abenteuer mögen warten?
Neue Chancen
neue Möglichkeiten
sich zu entfalten
Neues zu gestalten

Ein neuer Tag ...
Dieser Planet steckt voller Kraft
und geballter Energie
wird von unendlich viel Liebe getragen
- Ich bin ein Teil dieser ungeheuren Kraft
lasse meine Liebe
meine Fähigkeiten
mein Können
und mein Lächeln
in das große Ganze einfließen
Ich übergebe mich dem großen
Lebensstrom

Jede Pore meines Ichs soll er durchdringen
Jede Zelle wird liebevoll mit neuer
Lebenskraft
und Liebe
und Inspiration
versorgt

Ich bin stark

Dieser neue Tag
wird mir helfen
neue, wunderbare Dinge zu vollbringen
- seien sie auch noch so klein
Sie bringen meine und deine Welt wieder
ein Stückchen weiter
und bewahren uns das innere Lächeln
das diese Welt so wertvoll macht

Ich bin stark
Und bereit
diesen wunderbaren neuen Tag zu beginnen ...

LEUCHTTURM AM MEER

Leuchtturm am Meer
Groß und stark steht er da
... zwischen sandigen Dünen
Sendet sein starkes Licht
bei Tag und Nacht
um den Weg zu weisen

Trotzt jedem Wetter
ob Regen oder Sonnenschein
Groß und mächtig und stark ...

Es ist Abend
Die Möwen kreischen
drehen ihre Runden
umkreisen den Leuchtturm
so als sei er ein großer
wohlvertrauter Freund
Einige drehen ab - hinüber zum Meer
gleiten zentimeterhoch übers salzige Wasser
drehen ihre Runden, streichen über ihr Revier
Aufmerksam, den Blick nach unten gerichtet
rastern sie die Wasseroberfläche ab
Da -
jetzt setzt sich eine ab und schnellt im Sturzflug
nach unten
Blitzschnell taucht ihr spitzer Schnabel ins Wasser
pickt sich einen Fisch
und rast mit dem Fang wieder davon
bevor die anderen eine Chance haben, ihr die Beute
abzujagen
Nach einer Weile kehren die Verfolger wieder zurück
und drehen ihre Runden weiter ...

Die Seemöwen kreisen und kreischen
Erweitern ihre Bahn
Einige fliegen nun wieder Streife
über den menschenleeren Strand
Während das Meer schon die ganze Zeit versucht
an Land zu gehen
Immer wieder kommt es rauschend an
Seine Wellen überschlagen sich, schäumen
und laufen zum Strand. ihn zu erobern
Sanft leckt es am Strand, murmelt,
will ihn mit seinem salzigen
Naß erobern, einhüllen
bedecken
und gleitet wieder ab
versucht es erneut, immer wieder
muß sich immer wieder zurückziehen
Hinterläßt eine feuchte Spur
aus kleinen Muscheln und Steinchen
Souvenirs aus König Neptuns Reich
Zurück bleiben kleine Meere im endlosen Sand
so groß wie Pfützen nur
Stille Wasser inmitten einer feuchten Wüste

Meine nackten Füße stehen auf Kontinenten aus Sand
während ich in die Unendlichkeit des Horizonts blicke
Nichts als Wasser, soweit das Auge reicht

Eine leichte Brise fährt mir durchs Haar
streichelt mein Gesicht
Die würzige Luft kommt vom Meer herüber
hinterläßt Salz auf meinen Lippen

und die Sehnsucht in meinem Herzen
Nach den fernen Ländern, die weit,
weit weg von hier - hinter dem Horizont,
hinter dieser feuchten Unendlichkeit
sich verborgen halten

Weit ... weit ... weg von hier
doch der Wind hat sie alle berührt
trägt etwas von ihnen zu mir
  ... ich kann sie riechen ... und schmecken ...
Ich fühle ...
  ... fremde Kulturen ...
  ... fremde Menschen ...
  ... Worte und Laute ...
die ich nicht verstehe
Ja, da sind noch viele, viele unbekannte Dinge
Fremde Welten ... so vieles, das einfach unbekannt
Vieles, das ich gerne einmal sehen und bewundern,
auch gerne einmal berühren würde

Gleich taucht die glutrote Sonne ins Meer
Nur noch wenige Zentimeter, dann berührt
der feuerrote Ball das Wasser
Ich kann es fast schon zischen hören ...
Ich beneide sie, die Sonne
Sie kann auf alle Kontinente heruntersehen

Aber jetzt muß auch sie schlafen gehen
Langsam taucht sie ein
Das Meer zieht sie zu sich heran
sie kann sich nicht mehr entziehen
Vielleicht sehnt auch sie sich nach Ruhe

und geht nun ein in die tiefen Quellen,
Läßt sich ein ...
um von den Wassern
umschlossen zu werden
Tiefer ...
... und tiefer ...
... und tiefer ...

Das Licht ist nun der Dunkelheit gewichen
Die Nacht hat jetzt die Macht
Ein Tag ist langsam zu Ende gegangen
und schläft sich nun aus während der Nacht
Alles ist ruhig,
nur das Meer rauscht sein ewiges Lied

Und der Leuchtturm groß und stark
Groß und stark
steht er da in der Dunkelheit
... zwischen sandigen Dünen
Und sendet sein starkes Licht
um den Weg zu weisen

OASE IM REGENWALD

Eine Insel
irgendwo in den Tropen
Kaum ein Fremder hat sich je hierhin verirrt
Regenwald, wohin man auch schaut
Dicht bewachsen
Ich bahne mir meinen Weg
Meine nackten Füße
spüren den warmen und weichen Boden
- ganz feucht fühlt er sich an
Von ferne höre ich leise
ein rythmisches Trommeln
Um mich herum
ein Pfeifen
Zwitschern
Rufen
von Flügeltieren
Bunt und flatternd
bewegen sie sich über mir
Ein buntes, lebensfrohes Treiben
Die Sonne scheint ...
aber hier, unterhalb des dichten Blattwerks
ist es fast dämmrig
warm und schwül
Es riecht süßlich ...
als hätte jemand Honig vergossen
Viele seltsame und farbenprächtige Blumen wachsen hier
ihr Geruch verschmilzt mit der Luft
Mir ist warm
Mein ganzer Körper ist feucht

Ich halte stille
um mich auszuruhen
Lausche ...
und höre meinem Herzen zu
Wie es sich bewegt
wie es pulsiert
und mich am Leben hält
Es bewegt sich ganz gleichmäßig
immer im gleichen Takt
Jetzt kann ich es ganz deutlich spüren
und ich höre seinen Rhythmus
wie eine kleine eingebaute Trommel

Von fern höre ich Wasserplätschern
Da muß irgendwo ein Wasserfall sein
oder ist es ein Bach?
Der Boden wird weicher
Ich fühle Moos unter meinen Füßen
- weich und flauschig -
Da vorn, mitten im Regenwald, fließt ein kleiner Fluß, ganz flach

Fröhlich umspielen seine Wellen die kleinen Kieselsteine,
die hier und da aus dem Flußbett ragen

Das Wasser ist kristallklar
Und dort, wo die Sonnenstrahlen
durch die dichten Wipfel der Bäume
auf das helle Wasser treffen,
glitzert und strahlt es wie Diamanten

Ich habe Durst
Ich halte meine Hände in den sanft strömenden Fluß,
forme sie zu einem Gefäß
Noch während ich trinke, merke ich, wie ein angenehmes Gefühl
von Kraft und Lebendigkeit
meinen ganzen Körper durchströmt
Ich spüre, wie sich das Wasser in mir ausbreitet
und ein Gefühl von tiefem Wohlbehagen schafft

Die kleinen Wasserkristalle sind klar und rein
und lassen eine neue Oase in meinem Inneren entstehen
Diese innere Reinigung verhilft mir zu neuer
Klarheit in meinem Denken und Fühlen
Viele Schleier lösen sich auf und ich kann das
Wesentliche viel deutlicher erkennen

Mit dieser neuen Reinheit ausgestattet mache ich mich
auf den Weg zurück in die heimatliche Gegenwart.

VOGELFLUG

Wäre ich ein Vogel
so flöge ich über Berge
Über Täler, Wiesen und Flüsse
Im Sturzflug
Schnabel nach vorn
- und los!
Herrlich ... wie die Luft zwischen
meinen Federn zischt
Der Himmel über mir ist kraftvoll blau
Die Sonne scheint angenehm warm
- was für ein Tag!
Ich spüre die unendliche Kraft
Lebensfreude ist in mir
Hier oben riecht es nach Freiheit
und grenzenlosem Raum
Ich spüre den Luftwirbel in meinen Federn
Die Luftkräfte vereinen sich hinter
meinem Rücken zu geballter Macht
... und ich bin mittendrin!

Dort hinten steht mein Lieblingsberg
... war schon lange nicht mehr da
Ich mache mich auf den Weg
Linksschwenk ... nicht zu schnell ...
Der Wind kommt von hinten - ich lasse mich tragen
Schön, wie dort unten im Tal alles blüht ...
Die Butterblumen sehen lustig aus,
leuchtendes Gelb auf saftigen, grünen Wiesen

Und dort vorne glitzern flüssige Kristalle im Sonnenlicht
- der Bergfluß, der zu Tale fließt
Wenn ich es richtig anstelle, kann ich mich vielleicht darin
sehen ...
... der Berg kann warten ...
Den Fluß schaue ich mir genauer an
Doch ich bin zu hoch hier oben
Ich fliege eine Wende, langsamer Sinkflug,
Aaaah, das kitzelt, hier unten ist die Luft wärmer ...
... soo, noch ein wenig tiefer ...
Am Besten, ich fliege immer über dem Strom,
Ja ... so ist es gut,
noch ein wenig tiefer,
- Geschwindigkeit drosseln, Flügel etwas höher anlegen,
Ja, jetzt schwebe ich mit dem Fluß,
- vorsichtig
sonst klatsch ich mit den Flügelspitzen
zu sehr aufs Wasser -
Nur so gerade eben berühren, das ist schön ...
Ich fliege mit dem Strom ...
schaue nach unten
doch ich kann mich nicht sehen
Der Fluß ist durchsichtig ...
Gerade überhole ich ein paar fette Fische ...
Das Mittagessen wäre also auch schon geklärt ...

- Hoppla, Treibgut in Sicht!
Ein Strauch mit vielen Ästen
schwimmt mitten in meiner Bahn
Ich fliege eine elegante Schlaufe, etwas höher,
und drüber,
Wieder ein wenig tiefer, ... so ist es gut
Die Fische sind weg, ich bin zu schnell
Zum Bremsen ist es jetzt zu spät ...

Da vorne rechts am Ufer stehen ein paar Kühe
und fressen friedlich ihr Gras
- das kann wenigstens nicht weglaufen
Die behäbigen Kühe wundern sich wohl
über meinen Übermut
und mein kindliches Gehabe
- Aber was soll's?
Ich genieße das Leben, ich habe Spaß!

Wo ist eigentlich mein Berg?
Mir scheint, ich bin ein wenig abgekommen
Zwei, drei kräftige Flügelschläge
leiten meinen Steigflug ein
Ich mache einen Rechtsschwenk,
erhebe mich über die Kühe,
die mir kauend und gelassen nachblicken

Ich steige höher und höher ...
Mit kraftvollen Flügelschlägen
erhebe ich mich über die Welt
Mein Berg ist wieder in Sichtweite
Mein Berg, mein Lieblingsberg
Lasse dich umkreisen
von allen Seiten bewundern
Ja, du bist schön und stark
Siehst gut aus mit deinem neuen Schnee
auf dem Kopf

Hoch oben, auf dem Gipfel
lasse ich mich auf meinem Lieblingsplatz nieder
Eine kleine Mulde auf einem Felsvorsprung
Von hier aus überschaue ich das ganze, weite Land
Schaue bis zum Horizont und noch weiter
Die Luft ist klar
Ich lasse mir den Wind um den Schnabel wehen
Ich atme tief durch und lasse die kühle Bergluft
meinen Körper durchfließen
Gibt es etwas Schöneres?
Von hier oben habe ich den Überblick
schaue auf das Dach dieser Welt
Die Sonne wärmt meine Federn ...
Ich bin rundum zufrieden
Hier fühle ich mich vollkommen
Genieße den Ausblick
und ruhe mich aus.

LAGUNE

Brandung ...
Küste ...
Strand ...
Das Meer ...
Abendstimmung ...

Auf meiner Lieblingsinsel,
irgendwo in der Karibik
liege ich
in einer kleinen, windgeschützten Lagune
auf weißem, weichen Sand
Er ist noch warm von der Sonne
des sich neigenden Tages
Der warme, weiche Sand ...
... ein weiches, sanftes Ruhekissen
Ideal um auszuruhen ...
Den Tag ausklingen zu lassen ...
Die Gedanken baumeln zu lassen ...

Ich rieche das Meer
Habe sein Salz auf den Lippen,
das der leichte, warme Abendwind
durch die Lüfte trägt
Es riecht süßlich-herb
Das Salz ...
... der Sand ...
... die Muscheln ...
... das Holz der nahen Palmen ...
... die Düfte der exotischen Blumen ...

Alles vermischt sich zu einem
herrlichen Geruch
Ich atme tief durch
und nehme diese duftende Atmosphäre in mich auf
Ich empfinde ein behagliches Gefühl von
Zufriedenheit
und Lebensfreude
Ein angenehmes Gefühl, das sich wohlig
durch meinen ganzen Körper zieht
Die Palmenwedel wiegen sich im lauen Abendwind
Die untergehende Sonne verwandelt alles
in einen farbigen märchenhaften Glanz
Keine fünf Meter von mir
kräuselt sich das Meer gleichmäßig an
den Strand
Bemüht, meine Fußsohlen zu erreichen
Ich kann die Bewegung der Muscheln hören,
die von den herannahenden kleinen Wogen
angehoben werden
Ich fühle mich wohl
Lasse meine Gedanken streifen ...

Mein Blick nach oben auf den Abendhimmel gerichtet
mit seinen phantastischen pastellenen Farben
... einem fast schon dunklen Blau
einem leichten Türkis ...
einem sanften Violett ...
und einem leichten Orange ...
das in ein kräftiges Rot übergeht
Die Wolkenstreifen, ganz hoch droben
werden von der Farbigkeit erfaßt

Die ersten Sterne,
auch die helle Venus
sind schon zu sehen
und verleihen dem Schauspiel einen Hauch von Unendlichkeit
Dieser Tag neigt sich seinem Ende zu
Verabschiedet sich in einem einzigartigen
sanften Licht

Und hinterläßt ein sicheres Gefühl von Zufriedenheit und
Freude auf den nächsten Tag

GELASSENHEIT

Gelassenheit ist täglich praktizierte Entspannung
Gelassenheit heißt, die Dinge, die passieren
nicht sofort zu bewerten

Gelassenheit ...
die Dinge sind so, wie sie sind
Ent-Spannung -
Ich betrachte die Dinge ohne Spannung
Ich entspanne mich nun hier und jetzt
entferne die Spannung aus meinem Körper
Ich atme sie einfach aus ...
atme neue Luft ein
und atme die Spannung einfach aus
Sie verläßt mich einfach mit dem Luftstrom

Alles ist zunächst so, wie es ist
Alles IST
Alles ist gut
Ich lasse alles geschehen
und bin dabei vollkommen ruhig
gelassen und entspannt
In mir ist vollkommene, paradiesische Ruhe
Ich fühle mich wohl
Ich atme regelmäßig ein und aus
... ein ... .und aus ...
Ich liege warm und weich
liege einfach nur da
angenehm schläfrig
und fühle mich wohl
Brauche nichts zu tun
liege einfach nur da

Darf träumen ...
Gedanken durchlassen ...
Bewege mich in ruhigen, harmonischen Bildern
liege ruhig und wunderbar bequem
Sinke langsam, ganz gemächlich tiefer hinab
näher zu meinem inneren Ich
zu meinem goldenen Kern, der inneren Mitte
Mein inneres Ich freut sich auf meinen Besuch
und empfängt mich mit einem willkommenen Lächeln

Es ist schön, einfach nur hier zu liegen
die Wärme meines Körpers zu spüren
und den gleichmäßigen und ruhigen Rhythmus von meinem Puls

Ich überlasse mich diesem feinen Rhythmus
Und während ich mich so meiner Wärme und dem Rhythmus
meines Herzens hingebe,
durchströmt mich ein Gefühl von Harmonie und Leichtigkeit
Ein Gefühl innerer Freiheit erfüllt mich
Ein zarter Gefühlsstrom voller Wärme entsteht
und verteilt sich gleichmäßig in meinem Körper
Ich überlasse mich dem Gefühl
lasse es durch mich hindurchfließen
Genieße es und lasse es fließen

Wann immer ich möchte
werde ich mich an dieses Gefühl erinnern
es in seiner ganzen angenehmen Weite empfinden
und so zu meiner neuen, entspannten Gelassenheit finden.

PFLEGE DER INNEREN KRAFT

Ich befinde mich unter Freunden
liege gemütlich und bequem
habe meine Augen geschlossen
und mache mich bereit
für eine kleine
Reise zu meinen inneren Welten
denen ich mich gleich öffne

Ich atme einmal ganz tief ein
und wieder aus
Eine tiefe innere Ruhe
umgibt mich
Ich fühle mich frei
und sicher
Es tut gut,
ruhig zu liegen
und einfach nur zu entspannen
Ich fühle mich innerlich
ruhig,
warm
und entspannt

Ich mache mich als Kanal frei
atme gleichmäßig ein und aus
Verfolge den Weg meines Atems:
Wie die Luft, die ich einatme
meine Lungen weitet
und als warmer Strom durch meine
Nase den Körper wieder verläßt

Langsam spüre ich Harmonie und Frieden
fühle mich wohl
- wie auf einer kleinen Wattewolke ...

Alles Gute fließt durch mich hindurch
durchströmt mich
warm und angenehm

Gedanken, die abschweifen
hole ich langsam wieder zurück
Schenke meine Aufmerksamkeit
meiner Ruhe und meinem inneren Frieden

Meine Aufmerksamkeit richtet sich nun
auf mein Herz
Ich kann spüren wie es schlägt
gleichmäßig
- und stark

Ich kann meine Stärke spüren
Meine Kräfte fließen sanft und frei
durch meinen Körper

Ich vertraue auf meine Kraft die
mich leitet
Meine unerschöpfliche Energiequelle in meinem Inneren
die ich durch tägliche Pflege freigesetzt habe
Eine Kraft, die aus mir herauswächst
- mich vorwärtsbringt
- mich meine Aufgaben meistern läßt

Ich weiß, wie ich meine positiven Kräfte
einsetzen kann
Dieses Wissen macht mich froh und sicher
Ich alleine errichte meine Wirklichkeit
Ich spüre
wie beflügelt und leicht
ich meine täglichen Aufgaben angehe und meistere
Sie machen mir Spaß

Die wirklich wichtigen Dinge in meinem Leben
passieren auf einfache Weise
Durch meine Kreativität
meine innere Führung
meine Motivation
und meine Kraft

Ich lasse meinen Energien freien Lauf
und verbinde sie mit dem Wissen um
meine innere Stärke

Mit dem Gefühl für meine gestärkten inneren Energien
kehre ich nun langsam in die Gegenwart zurück ...

ABENDDÄMMERUNG

Ein lauer Sommerabend
Die Sonne ist schon orange
und wird bald untergehen
Die Luft ist noch warm ...
und streicht mit einer leichten Brise
über mein Gesicht
Ein süßer und leichter Duft verbreitet sich
und tut mir gut

Ich liege da
und fühle mich wohl
Höre den Vögeln zu ...
Sie singen ihr Abendlied
und verabschieden die Sonne
die nun glutrot am Horizont steht

Die ersten Grillen trauen sich ein wenig
Tiefer Friede breitet sich
wie eine warme kuschelige Decke übers Land
In meinem Herzen ist tiefer Frieden
und Behaglichkeit
 - Wärme ...
Ich kann das Holz des nahen Waldes riechen
und die Früchte seiner Sträucher
verströmen einen lieblichen Geruch
Der Boden
 - fast kann ich die Ameisen krabbeln hören
Psst ... .
Da raschelt etwas - lausche!

Es war ein guter Tag

DER STROM DER WEICHEN KRAFT

Ich mache es mir gemütlich und bequem
Bringe mich in eine angenehme Lage
Atme noch einmal kräftig durch
und schließe die Augen
Ich mache mich sensitiv und empfänglich
für eine kleine Reise nach Innen
Eine Reise in das Reich der Phantasie
In die Welt der freien Gedanken
der Schwerelosigkeit

Ich stelle mir vor
es sei tiefe Nacht
Alle sind zur Ruhe gegangen
Die Tiere und die Kinder
Und auch die Großen ruhen
Es war ein schöner Tag

Voller kleiner Abenteuer
Viele kleine Geschichten
wurden heute in das große
Buch meines Lebens geschrieben
Ich lasse alle Vorkommnisse dieses Tages
vor meinem geistigen Auge vorüberziehen

Was immer an diesem einen Tag heute passierte
- hat mich bereichert
Hat mir Erinnerungen geschenkt ...
- Hat mich gestärkt
und die Grundlage
für den nächsten Tag geschaffen
Ein neuer Tag ...

Ein Tag, der noch nicht ist
Ein Tag, der sich bald
aus der Zukunft
Stück für Stück, Stunde um Stunde
Minute für Minute
in die Gegenwart verwandelt
- Mit jedem Atemzug mache ich Zukunft
zu Hier und Jetzt

Aber jetzt - in diesem Moment
nehme ich langsam Abstand
Entferne mich von den Dingen des
Tuns und des Geschehens
tauche langsam und gemächlich ein
in meine andere Welt
In die Welt des Geschehen-Lassens
In die Welt des „Einfach-Seins"

Wo Ruhe und Harmonie
Freude und Liebe
sich langsam, ganz langsam
zu einem Fluß voller Wärme und Hingabe
vereinen

Alles ist ruhig
Ich höre keinen Laut
außer dem Rauschen der Luft
die ich langsam und
gleichmäßig atme
- ein und aus
Alles ist klar und ruhig
und gelöst

Der Sternenhimmel ist über mir
Kleine funkelnde Diamanten
hängen schwerelos in der Unendlichkeit
und verströmen ein ruhiges und doch lebendiges Licht

Ich bin angenehm ruhig
und lasse mich treiben
Spüre, wie sich meine Spannung
langsam verwandelt in ein
angenehmes Fließen von weicher Kraft
- die meinen Körper wohlig durchströmt
Ich lasse mich ein in diesen weichen,
warmen Strom der Entspannung
Mache mich weich und anschmiegsam
Kuschle mich ein

Lasse mich gleiten
lasse mich tragen von diesem starken
und doch weichen Strom
Stärke und Kraft sind weich und leicht
Langsam werde ich ein Teil dieses Stroms
lasse mich ein in seine leichten Wellen
kann seine sanften Bewegungen spüren
Seinen leichten Rhythmus
der gleichmäßig und eben
langsam vorwärts strebt
Ich bin alles und nichts
bin überall und nirgends
stehe über den Dingen
lasse alles durch mich hindurch
Und genieße es zu schweben
und einfach nur Strom zu sein ...

TRAUMNEBEL

Ich mache die Augen zu
atme ein paar Mal tief ein und aus,
versorge meine Zellen mit Sauerstoff
und gebe meinem Körper einen ruhigen, gleichmäßigen
Rhythmus vor
Ich mache mich bereit für eine
neue
sanfte
Ruhe
die mich fast unbemerkt
wie ein weicher Nebel
einhüllt ...
Mein Traumnebel
- legt sich sanft um mich
- bedeckt mich ...
- wärmt mich ...
- ist sanft und geschmeidig ...
- warm und beruhigend ...
- lullt mich ein

Und während sich mein Nebel um mich schmiegt
- mich in sein Zentrum schweben läßt,
wird es langsam dunkler um mich herum
Eine warme, angenehme Dunkelheit,
die fast bläulich schimmert
Ich lasse mich treiben ... schwebe im Inneren
 ... bin ganz leicht und unbeschwert
Der Nebel bewegt sich, rollt sich um mich
und trägt mich ... in seine Mitte
 ... immer tiefer
und tiefer

Sanft werde ich von ihm getragen
Leicht schwebend
liege ich in seiner Mitte
Langsam fängt es an, im Inneren zu schimmern
ganz leicht nur
Grad so, daß man nicht sicher ist,
ob es wirklich dämmert
Tausende von kleinen Lichtpünktchen glitzern
und funkeln hier
Wie kleine Sterne,
nur viel, viel kleiner
Grad so groß wie Stecknadelköpfe
verströmen sie
einen unscheinbaren
dämmrigen Lichterglanz
Wenn man genau hinschaut kann man sehen,
daß sie in allen
erdenklichen Farben schimmern
Jedes Pünktchen wechselt ganz langsam die Farben
Grün ...
... blau ...
... rot ...
... gelb ...
... violett ...
... orange ...

Schön sind sie anzuschauen
- die Farben, so scheint es,
machen glücklich
Oder schimmern sie, weil sie sich freuen?
Ich liege inmitten eines Meeres
von bunten Lichtpünktchen, die sich freuen ...

Es scheint mir,
daß jedes Lichtpünktchen einen schönen Traum darstellt
Ob sich so ein buntes Sternlein wohl berühren läßt?
Ganz langsam strecke ich einen Finger aus ...

Es fühlt sich warm an
und wie aus Watte ...
Das bunte Licht wandert langsam meinen Finger hoch,
ganz langsam, fast fragend
wandert es weiter
in meine Hand
es fühlt sich gut an
- warm .... .und beruhigend ...

Jetzt wandert das kleine Licht
von meiner Hand
in meinen Arm
- durch meinen Arm wandert es weiter
- bis zur Schulter hoch
- verteilt sich langsam über die Brust
und scheint bald überall
in meinen ganzen Körper
Es durchfließt mich ...
... bis ich über und über
von einem leichten Schein durchströmt bin
Mit jedem Atemzug den ich mache,
wechselt die Farbe meines Körpers
- wechselt die Farbe des Lichts, das in mir ist
Ein leichtes, wohliges Prickeln durchströmt mich
... Es ist schön ...

Ein kleiner Traum ist in mir
und wartet darauf
geträumt zu werden
Er deckt mich zu
mit seinem warmen
bunten Lichtschein
Während ich langsam
- ganz langsam
die ersten Bilder meines Traumes sehe ...
- während mein Traumnebel sich schützend
um mich hüllt
und sanft seine warme Decke um mich legt ...

VISIONEN

Was immer wir Menschen tun
Haben wir vorher bedacht
Haben wir vorher - geträumt
Alles was ich möchte
und was gut für mich ist
versorge ich liebevoll
mit inneren Bildern
In dem Moment
wo ich träume
- mich gehenlasse
meinen Phantasien erlaube
aus meinen tieferen Schichten
an die Oberfläche zu kommen
- schaffe ich eine neue innere Welt
die sich irgendwann
ihren Weg
- ganz von selbst
nach außen bahnt
um sich weiter zu entfalten

Um mit anderen Welten
- anderen Gedanken
- anderen Visionen
zu verschmelzen
Neue Wirklichkeiten
zu schaffen

Seit Ewigkeiten haben wir uns gewünscht
fliegen zu können
Den Boden zu verlassen
auf dem wir stolz und stark
mit beiden Beinen standen

Und auch dieser Menschheitstraum
den wir alle gestern noch träumten
hat sich längst erfüllt
Jedes Land auf dieser Welt ist
in Stunden schon erreichbar
Schneller als jeder Vogel -
fliegen wir nicht nur von einem Land zum anderen

Denn mit unseren Gedanken sind wir unserer Zeit
schon weit voraus
Kosmische Reisende
Den Ewigkeiten vorangeeilt
Oder auch nur
eine einzige Stunde
dem Hier und Jetzt voran

Und auch dann
wenn wir in Gedanken wieder zurückkehren
sind wir verändert

- sind wir anders

Denn wir durften in unserem Inneren schon schauen
- Einblick nehmen
in das, was werden kann
Wenn wir uns nur trauen
einem kleinen Traum
in die Wirklichkeit zu verhelfen

Alles, was tief in mir wächst und gedeiht
ist ein Teil von mir, ein Teil meines Ichs

In dem Moment wo ich träume
verändere ich meine innere Welt
Ich versorge meinen Traum mit
liebevollen, warmen Strahlen
Lasse ihn in meinem Inneren wachsen und reifen
Mit jeder Zelle meines Ichs verschmelzen

Ich habe eine einzigartige Motivation in mir
Jeder erlebte Tag macht mir deutlich
daß ich mein Weltgeschehen lenke
Ich verhelfe meinen inneren Bildern
durch meinen Traum
in die richtige Bahn

Für alles, was ich möchte
und was gut für mich ist
gibt es einen einfachen Weg
In meinen Gedanken bin ich schon da
und lasse von dort einen sanften Sog entstehen
der mich langsam, Schritt für Schritt
in die richtige Richtung bringt
Ich träume ...
lasse nur geschehen
Ich fühle, wie ich
- leicht wie eine Feder -
vom warmen Wind getragen werde
Alles ist leicht und unbeschwert
Da ist Freiheit
- Raum
- Leichtigkeit
- Wärme
und Vertrauen

Ich pflege meinen Traum
Versorge ihn mit sanfter Kraft
- frischer Energie
bette ihn liebevoll ein
In warme Strahlen des Lichts
das tief aus meinem Inneren scheint

SEIFENBLASE

Ich liege ruhig und entspannt auf einer grünen Wiese
in einem wunderschönen Park
- kein Mensch weit und breit ...
Es ist Frühling und schon sommerlich warm
Ein leichter Wind trägt den Duft der Blumen und des Grases
zu mir
Ein paar Vögel zwitschern fröhlich von den nahe stehenden
Bäumen
Ich liege ganz ruhig und entspannt und
richte die Aufmerksamkeit auf meinen Atem
- Ich atme langsam
ein
und aus
- Ganz langsam ein ...
und wieder ... aus ...
Ich atme ein ...
... und spüre den Atemstrom,
wie er ganz langsam in mich eindringt

Ich spüre ... wie meine Bauchdecke sich hebt
wie ich gefüllt werde mit frischer Luft ...
... wie diese Luft meine Lungen weitet
Ich atme aus ...
spüre den warmen Luftstrom
der durch meine Nase fließt
Es ist angenehm warm
und ich fühle mich sehr wohl ...
Mein Atem geht langsam und regelmäßig
ein und aus
Es ist schön, auf dieser Wiese zu liegen und auszuruhen

Gedanken an dies und das mögen kommen und
gehen
Ich lasse alle Gedanken einfach durch mich hindurch
Lasse sie durch mich hindurchschweben,
    ... ganz leicht und sanft

Ich erlaube mir zu träumen ...
    ... mich fallen zu lassen
    ... ganz sanft eins zu werden mit meinen Bildern

Ich rieche den leichten, süßlichen Duft der Blumen,
der in der Luft schwebt
Eine leichte Wahrnehmung, die sich verflüchtigt

Ich sehe eine bunte Seifenblase, die durch
die Lüfte schwebt, getragen von einer
sanften Brise und einem
lieblichen Duft ...
Überallhin darf sie schweben
    ... über Wiesen ...
    ... Blumen ...
    ... Wälder ...

Sanft schwebt die Seifenblase mit mir durch die Lüfte
    ... höher und höher ...
Über uns der blaue Himmel ...
Ein paar Wattewölkchen sind zu sehen ...
Ich sehe nach unten:
alles so klein und unscheinbar
Sehe den Park dort unten mit dem kleinen Wald und der Wiese
Viele Felder drumherum ...

Und ich schwebe hier oben in den Lüften ...
fühle mich leicht und unbeschwert
Die Luft riecht gut ...
Alles ist leicht und fast schwerelos
Ich bin dem Himmel sehr nahe ...
Wie es sich wohl anfühlt, auf einer Wolke zu sitzen?
Zu schweben,
mit den Wolken mitzuziehen?
In ferne Länder ...
... über Ozeane ...
... tropische Inseln ...
... Vulkane ...
Über hohe Berge,
aus deren Felsquellen frisches
und reines Wasser in die
fruchtbaren Täler fließt

Ich öffne meine Wahrnehmung den wunderbaren
Dingen, die bereits in mir sind
und darauf warten
an die Oberfläche zu kommen

Ich freue mich darauf
meiner Phantasie zu begegnen
meiner inneren Ruhe und Ausgeglichenheit
Dem tiefen Frieden
und der Liebe, die mich durchströmt

Ich bin bereit, meinen Gefühlen und
meiner inneren Sonne zu begegnen
Meiner Wärme und tiefen Liebe, meiner
Unendlichkeit und Weite
Der unendlichen und weiten Liebe
allem und jedem gegenüber
Ich freue mich, meinem inneren Kind zu begegnen
und mich davontragen zu lassen
in meine eigene neue Welt der Phantasie, der Träume
und meiner Wünsche ... meiner Leidenschaft ...

Ich werde den Tempel meines Herzens betreten
und meinen Visionen begegnen
der Vielfalt, die in mir steckt
meiner Kreativität ...
meiner Liebe ...
meiner Sanftheit ...

Ganz sanft gleite ich in meine Mitte
in den tiefen Strom der mich leitet und
mit dem ich immer verbunden bin
Der tiefe Strom meiner Glückseligkeit
wo ich zu Hause bin
Der starke Strom meiner Energie
meiner Kraft ...
Dem Kreisel meiner Farben ...

Tief gehe ich in mich hinein ...
spüre die Wärme meiner inneren Sonne ...
die Liebe und die Sanftheit meines Ichs ...

Hier wohnt meine Kraft
Meine Motivation ...
... meine Wünsche und meine Ziele
- Meine innere Sonne
- mein inneres Kind
- meine Freude
- meine Lebenslust
- mein inneres Universum

Ich bin tief in meinem Inneren
Im Zentrum meiner Kraft
... In der Mitte meines Ichs ...
Und spüre meine Wärme und meine Liebe
Ich *bin* Wärme und Liebe
Bin reine Kraft
Ich lasse mich kreisen ...
Tauche ein in die Farben des Universums
Lasse mich treiben
Werde sanft getragen

Ich bin
Ich bin eins mit der Welt
Ich spüre die Erde
und das ganze Leben das sich auf ihr verströmt
die Steine
die Bäume
die Flüsse
und das Meer
Ich spüre das Salz auf meinen Lippen
und diesen würzigen Geruch

Der Himmel ...
Sanft werde ich von den Winden gestreichelt
ich atme die wunderbare Luft

Ich bin eins mit all dem:
Mit den Farben
mit den Winden
mit dem Wasser
mit der Erde

Ich bin eins mit mir
Ich bin eins mit der Welt
Ich bin die Welt
Und die Welt ist ich

Ich bin eins mit allen Menschen
Meine Wärme ist überall
Meine Liebe wird durch die Winde getragen
streift die Herzen aller Menschen
trägt mein Lächeln überallhin
Der Same meines Glücks wird versprüht
mein Lächeln und meine Liebe wird
überallhin getragen
Mein Herz öffnet sich der unendlichen Liebe
der anderen Menschen auf dieser Erde
Ich werde getragen von ihrer Motivation,
ihrem Glück und ihrer Wärme
Verschmelze mit ihrer Liebe
Nehme ihre Liebe an
Atme sie ein
Verwandle sie in Kraft
und Glück

Langsam landet meine Seifenblase wieder auf
der Wiese in dem wunderschönen Park
Ich kehre zurück von einer wunderschönen Reise
die mich mit Liebe, Kraft und Energie erfüllt

Ich bin voller Lebensfreude und kehre langsam
wieder in die Gegenwart zurück

DAS WEISE YANOU

Klare Bergseen
- spiegelglatt
keine Welle ist zu sehen
Die Mücken tanzen über'm Wasser
- Die Luft ist klar,
doch die Erde atmet und dampft
- Es ist warm und feucht
- Die Stille - fast kann man sie hören
Hoch in den Bergen von Tulamatschur
Im ewigen Land ...
   ... das heilig sein ewiges Geheimnis
nur dem wahren Schüler lüftet

Wer hier
zwischen den ewigen Nebeln
das Antlitz
des höchsten Gipfels ahnen darf
ist glücklich ohnehin ...
- Denn sein Herz trägt das unverschlüsselte
Symbol des weisen Yanou
Des ewigen, uralten Zaubers
wahrer Liebe
und grenzenlosen Urvertrauens

Verstreut wie Sternenstaub über den
ganzen Planeten
sind seine Boten seit ewigen Zeiten unterwegs,
den Samen des Glücks
der Liebe und Phantasie zu verstreuen
an reine Seelen, weiß und unbefleckt
- die den Keim des kosmischen Mosaiks
in sich tragen

- Ihre Farben
Ihre Visionen
Ihr Licht
ist es, das die Sonne scheinen läßt,
das Wärmestrahlen wie Boten
einer fernen Vernunft
auf die Erde regnen läßt
Was immer sie berühren
zu neuem Leben sich formiert
Zu einem Zyklus neuer Farben
neuer Melodien
Neue Leben werden geschaffen
um im immer wieder
gleichen Rausch die alten Muster
gegen neue auszutauschen
Und doch - es bleibt fast alles gleich
Der Unterschied ist fein und lieblich nur
doch erreicht er neue Herzen
in einer neu geschaffenen Kultur

Das weise Yanou
läßt die Grenzen neu verschmelzen
Tauscht ein
das Gewesene mit dem
Gewordenen
Was einmal war - ist nicht mehr so wichtig ...
Die Zukunft zeigt, was gewesen ist
in neuen Formen
- läßt es neu erstrahlen

Das weise Yanou
ist ... und war ... und wird ...
- Unerheblich
Die Formen sind nur Hülle
für die Unendlichkeit
für unsere Reise durch den
Lichterwald
Da ist kein Anfang und kein Ende
nur der Strom
- der fließende
voll Kraft und Macht der Sonne
die endlos durch die Galaxien scheint ...

SERAPHINA - KÖNIGIN DER ELFEN

Fernab von den Städten
und den vielen Menschen
- Fernab von Motorenlärm
 ... Geschäftigem Treiben in den
Fabriken ...
- Weit entfernt von Straßen
und zementierten Wegen
- glattem Asphalt -
von aufgeschüttetem Beton
Straßenbahnlinien ...
- Menschenmassen, die von einem Punkt
zum anderen hasten ...
von klimatisierten Büros ...
und sich raufenden Kinderhorden

- Weit, weit weg von hier
An einem Ort, den keine Landkarte kennt
 ... gibt es noch ein Land
Ein weites Land ...
Mit Feldern, Wiesen und Wäldern
- duftenden Blumen,
deren Kelche - schwer vom Nektar -,
die Bienen trunken machen ...
Dieses Land mit sauberen, plätschernden Flüssen,
in denen sich Fische übermütig tummeln
- Und wo die Sonne warm und angenehm
noch den Erdboden erreicht

Dieses Land ist das Land der Inneren Wahrnehmung
Hier sind die Märchen zu Hause, die Feen und Elfen

Und hier, - im Wald des Dritten Grals - nahe
den Bergen von Tulamatschur
wohnt die Königin der Elfen,
Die Wächterin des Kindlichen Ichs ...
... Seraphina ...

Sie ist die Fee der Kinder,
die Fee des Ewigen Spiels
... die Freundin ...
... die Hüterin des Kindes,
das eingebettet in süße Erinnerungen
sanft in uns schläft
Und nur darauf wartet, neu zu erstrahlen ...
- Licht und Wärme zu empfangen,
und denen neuen Schein zu spenden
deren Herzen sich sehnen,
wieder im Strom
des Wahren Seins zu schwingen

... Seraphina ...

Seit Jahrhunderten empfängt sie all jene,
deren gezüchteter Verstand
über die Regeln von Logik und Vernunft
zu herrschen wußte
- und die dann und wann eine fremde Leere spürten

Die auf dem Wege zwischen Geschäftigkeit und
täglichem Treiben
ihre Herzen verloren glaubten

Mittendrin auf einmal Stille ... .
- Doch im Mantel dieser Lautlosigkeit
vernahmen sie irgendwann
den lieblichen Klang
des kleinen Glöckchens ...

Ganz leise nur ... doch aus der Tiefe kommend ...
erschien der sanfte Ruf, um den Weg zu weisen ...

... Der Ruf ...
... so vertraut ...
... die Erinnerung ...
... die Fee!
Sie, die uns von Kindesbeinen an
immer hilfreich dann zugegen war,
wenn Traurigkeit und tiefer Schmerz
unser kleines Herz verdunkelten
Doch sie lächelte nur ...
... ihren Feenstaub als Pflaster der Liebe
sanft auf die Wunde legend

Mit jedem Mal, das sie erschien
übergab sie ein weiteres Samenkorn
Auf daß in der kindlichen Seele der Garten des
Vertrauens und des Glücks weiter wachse
Die Tränen versiegten ...
Glück und Zuversicht - und eine
überschäumende Liebe
allem und jedem gegenüber
erfüllte unser Herz

Und jetzt ist es wieder da
... das Glöckchen ...
... der Ruf ...

Sie, die Zauberin
ruft die Seelen dieser Welt zusammen
- ruft ihre großen Kinder
sich zu versammeln im Wald des Dritten Grals
- nahe den Bergen von Tulamatschur -
... im Land der Inneren Wahrnehmung
So wie einst, als wir sie des Nachts
in unseren Träumen besuchen durften
Sie mit uns das Elfenreich bereiste
und uns mit den anderen Elfen
die kindlichen Tänze zeigte,

Sie, die Wächterin des Kindlichen,
die Elfe des ewigen Spiels
öffnet uns die Weisheit des Naiven,
des unbefleckten reinen Seins

Sie verströmt das schimmernde Licht des Lächelns,
das die Herzen öffnet und den
goldenen Fluß der Liebe neu zum Fließen bringt
Verzaubert uns zu einem neuen Sein,
das schon ewig in uns schlummert
... und sich nun zu neuen,
klaren Kristallen bildet

Und jetzt, wo Du reif bist, das Neue zu schauen
... läßt sie Dich eintauchen in eine neue,
zeitlose Dimension ...

In die Welt der Klänge,
der Mythen und Sagen,
wo die endlosen Melodien zu Hause sind
Wo die Engel musizieren und
die Märchenfeen ihre alten Geschichten,
die von Generationen ans junge Volk vererbt
in Form von endlosen,
himmlischen Melodien
ertönen lassen

... während die Jahrhunderte an Dir vorüberziehen ...

Die endlosen Melodien zeigen Dir die Geschichte von Anbeginn
- Während wir alle in den Tanz versunken
uns zum Rhythmus wiegen, unsere Kreise ziehen
Mal drehn wir uns nach links ...
Mal drehen wir uns nach rechts ...
Mal geht der Rhythmus langsam ...
mal geht er schnell ...
Und immer hörst Du diese Melodien deutlich nah am Ohr ...

Sie, die Elfen spüren:
Wolltest Du Deine Augen öffnen
hörst Du ein kindliches Lachen dann
... und ein eiliges Gehusche ...
- Farbige Nebelschwaden
vom göttlichen Licht bestrahlt ...

Die Himmelskinder sind scheu
- du darfst ihre zarten
himmlischen Hüllen
nicht schauen
- Sie wissen,
dieser Moment würde Dich zu einem
der Ihren machen
- Würde Deine ganze Seele öffnen
 ... von der Körperhülle befreien
Deine Farben und die ihren
würden verschmelzen zu einer neuen
sanften Melodie
- Dein Körper würde schwerelos
- würde zerrieseln ...
 ... als feines Pulver durch die Lüfte gestreut
Würde mit den Wolken regnen ...
- Auf Bäume fallen ...
 ... ihre Kronen streicheln
 ... ihre Blätter entlang
den Stamm hinunterrinnen
 ... würde dich als Tropfen
im warmen weichen Boden
vereinen zu einem sanften See

Doch diese Zeit ist noch nicht reif ...

Du hast erst noch Deine Mission zu erfüllen ...

Öffne Dein Herz ...
... laß Dich umspielen
Mache Dich bereit
Licht und Wärme zu empfangen,
- und denen neuen Schein zu spenden
deren Herzen sich sehnen,
wieder im Strom
des Wahren Seins zu schwingen

Und während Seraphina, die *Wächterin des Kindlichen Ichs*,
auf ihrem Blumenthron sitzt und lächelt
Helfe ihr und Dir
In die Augen der Kinder dieser Welt zu schauen
- und das leise Glück in die Herzen der Menschen zu tragen

KOSMISCHE REISE

Das Weltall ...

Unendlichkeit, soweit das Auge reicht
Schwarz wie die Nacht, angereichert
mit Milliarden, Trillionen von
Sternen, Gestirnen, eigenständigen Welten
Reduziert zu Symbolen,
kleinen unscheinbaren
Lichtpünktchen
Wie weiße, funkelnde Diamanten hängen sie da
bewegungslos - wie es scheint - in der Unendlichkeit
Angestrahlt von Millionen von Sonnen
ziehen sie ihre Bahnen

Schwerelos schweben sie durch die Zeit- und Raumlosigkeit
Ihr Licht, das durch die Galaxien strahlt
ist schon Vergangenheit
... doch was ist Zeit in der Unendlichkeit?

Da, wo nichts anfängt und nichts endet?

Das Alter keine Rolle spielt ...
Da, wo nichts geboren wird und auch nicht stirbt
- alles einfach nur „ist"
Vereinen sich Begriffe wie Vergangenheit, Gegenwart
und dem,
was noch nicht ist
zu einem kreisförmigen, ruhigen Strom,
der unter einer Brücke fließt
- Der Brücke der Gleich-zeitig-keit

Der Kreis der Zeit ...
Die Zukunft stößt an die Vergangenheit
Zeit ist zeitlos geworden, dreht sich um sich selbst
Immerfort im Kreis ...
... verblaßt zur Unbedeutendheit ...
Und mit ihr schmelzen die Dinge, die man „wichtig" nennt
Denn alles geht seinen Lauf:
Von dem
was war,
- zu dem
 was ist,
- zu dem
was werden wird ...
Alles folgt der sanften Kraft,
die wie ein zarter Schleier über allem liegt
Und sich doch unserem logischen Verstand entzieht
- Wo ist die Macht zu Hause, die alles schafft? -
Die Kraft, die verbindet - und vereint?

In Momenten der Stille
und Beschaulichkeit
Wenn wir auf Töne lauschen
die erst zu hören sind
wenn der Lärm des Alltags verblaßt
Und unsere innere Wahrnehmung sensibel
ihre Sensoren in die Weiten schickt -
- ... stellen wir fest, daß wir Reisende sind ...

Wir sind ständig in Bewegung
 ... auch in Momenten der
scheinbaren Bewegungslosigkeit

Wir versuchen uns zu orientieren,
greifen einen flackernden Diamanten am Firmament
und versuchen uns ihm zu nähern
Wir fliegen so schnell wie das Licht ... .
- Unaufhaltsam und beständig fliegen wir
durch unbekannte Dimensionen ...
Wieviele Jahre werden wir benötigen?
Wieviele Generationen.
wieviele Jahrhunderte brauchten wir,
um in die Nähe dieses Sterns, dieser
entfernten Welt zu gelangen?

Wir fliegen ...
... und fliegen ...
... und fliegen ...

... Unendlichkeit ...
... Einsamkeit ...
... unser Stern ...
... zeitlose Wandlung ...
... Schwerelosigkeit ...

Ab und zu sehen wir Farben - für ein paar hundert Jahre nur
Sehen, wie neue Galaxien, ja vielleicht
sogar neues Leben entsteht
Alles ist irgendwie im Werden ...
Alles wandelt sich,
Vermischt sich, mit dem was war,
zu dem was wird

Wie wird es auf *unserem* Stern aussehen?
Welches Licht wird dort scheinen?
Könnten wir unsere Sonne noch sehen?
Welche Lebewesen werden wir antreffen?
Gibt es die Erde dann noch?
Sind wir *wirklich* die einzigen?
Wo ist das Ende, wo hört das Weltall auf?
Was ist auf der anderen Seite, wenn es ein Ende gibt?

Irgendwann ...
hören wir auf nachzudenken
Die Wertigkeit geht verloren,
die Abhängigkeit löst sich auf.
Was ist schon wirklich wichtig
in den Gezeiten der Unendlichkeit?

... Wir gleiten, schweben dahin ...
Unser Geist voran, erkundet das Nichts und das Alles.

Gab es etwas, das je wirklich wichtig war?
Und warum?

Was war mit unseren Sorgen,
unseren Zielen,
unseren Streitigkeiten?
Mit der Wut,
Enttäuschung,
Frustration?
Und unseren Ängsten?

Und ...
... was ist mit der Liebe,
dem warmen Wind der Glückseligkeit,
- der Verbundenheit mit allem Schönen
und Guten?
- Oder der Macht von Musik,
uns in nie gekannte Höhen zu heben?
- Zu neuer Übersicht zu gelangen?
- Der Liebe zu einer verwandten Seele,
dem Lächeln eines gutgelaunten Menschen?

Einem warmen Händedruck,
... der Herzlichkeit,
... der Liebe zu den kleinen Menschen, die unserer
Hilfe zum Heranwachsen bedürfen?

Den Düften der Blumen ...
... dem Geschmack von süßem Honig ...
... dem Geruch von Waldboden nach einem warmen
Sommerregen ...
... dem Tau auf der Wiese beim ersten Morgendämmern ...
... dem Gesang der Vögel?

Der Ameise, die über den Boden krabbelt ...
... dem Hund, der frohgemut und schwanzwedelnd
treu in unsere Augen blickt?
Dem Regenbogen ...
... Blitz
und Donner ...
... und dem Gefühl, einen lieben Menschen in
den Arm zu nehmen und zu drücken,
... einfach so?

Was wäre diese Welt, die weit hinter uns liegt,
ohne diese Gefühle?
Was wäre diese eine Welt ohne Phantasie?
Was wäre diese Welt ohne uns, die Menschen?
Und wären wir nicht fürchterlich allein ohne all
die anderen Lebewesen:
die Tiere,
  ... die Blumen und Sträucher,
  ... die Wiesen und Wälder?
Und den Bergen mit ihren hohen Gipfeln und den
tiefen Tälern,
den Weiten der tiefblauen Ozeane?

Irgendwann, an einem Punkt jenseits unserer Zeitmessung
nähern wir uns unserem Zielplaneten
Das Licht flackert nicht mehr, wie vor unendlich langen Zyklen,
als wir uns auf den Weg machten, diesen Stern zu erreichen

Ein durchdringender, klarer Schein signalisiert Stabilität.
Ja,
er ist immer noch da,
- und zieht ruhig seine Bahnen
Friedlich sieht er aus,
- tiefblau -,
mit Wattebällchen überzogen.
Wir sehen die Kontinente,
mal grün, mal braun, mal rötlich-braun.
Wälder sind zu sehen,
große Seen,
Berge, manche mit Schnee bedeckt

Eine Hälfte dieser Kugel wird von der Sonne beschienen
... auf der anderen, wo es dunkel ist,
pulsieren Millionen bunter, flackernder Lichtpünktchen
und signalisieren Leben ...

Dieser Planet besteht aus geballtem Leben ...
... konzentrierter, gebündelter Energie
- und einer unendlichen Kraft,
die mächtig ins Weltall funkt ...
und noch Lichtjahrmillionen entfernt
als kosmisches Zentrum
des Lichts und der Liebe zu sehen ist!

Wir sind wieder da ...
... wir sind wieder zu Hause ...

DER WALD DES DRITTEN GRALS

Nahe den Bergen von Tulamatschur
- im Wald des Dritten Grals -
stehen die uralten, geweihten Bäume
der Alten Zeit
Seit Jahrhunderten stehen sie hier
- geduldig
Einst gepflanzt mit magischem Feenstaub
In die Erde versetzt von den
alten Meistern der Mysterien
als Symbol der Weisheit,
der inneren Kraft und Einigkeit

Als Botschafter einer mystischen Zeit
sind sie das lautlose Bindeglied
zwischen dem, was war
und dem, was ist
und dem, was werden wird
Gütige Wächter über das Innere Land,
das nur die Kundigen betreten wollen

Es regnet aus den Hochebenen von Tulamatschur ...

Millionen kleiner, nasser Regentropfen
- auf ihrer langen Reise
in schwerbeladenen Regenwolken vereint -
lösen sich aus der Gemeinsamkeit
fallen schwerelos einem neuen Sein entgegen,
hüllen den Wald in einen feinen
Nebel von Feuchtigkeit

Tränken den fruchtbaren Boden,
versehen ihn mit neuer Kraft
Lassen ihn atmen ...
... und dampfen,
neue Lebenssäfte produzieren
und seinen kraftvollen Duft
von nasser Erde, Edelholz und Laub
durch die Lüfte ziehen

Wäre ich ein Regentropfen,
ich suchte mir einen großen und starken Baum
Würde mich von oben auf seine
Krone gleiten lassen
Seine Blätter berühren
und ganz langsam
seinen langen
starken Stamm hinunterrinnen
Mich als Tropfen
im warmen weichen Boden
unter seinem Wurzelwerk
vereinen zu einem sanften See
Um dann ganz langsam
und ganz sanft
- fast zögerlich
getrunken zu werden

Ein sanfter Sog entsteht
Ich lasse mich führen
durch die starken, mächtigen
Wurzelbahnen leiten

Der Baum ...
groß und majestätisch steht er da
- seit Jahrhunderten schon
an genau dieser Stelle
Ein Meister des Wachsens ...
Konnte nicht gehen
Konnte nur stehen
Doch sie alle kommen zu ihm
Zu bewundern seine stumme Macht
Dazustehen und zu wachsen ...
Die Vögel lieben ihn
Er ist ihnen ein guter, alter Freund
Gibt ihnen Wärme und ein Dach
Sie erfreuen ihn mit ihrem Gesang
So ist alles in Einklang
Er, der nur mit Wachsen beschäftigt
darf fühlen,
wie so viele Nester auf seinen Armen gebaut
Er ist ein gütiger Hüter des Werdenden
Ein schützender Wächter des Wachsens

Ich bin gern Wasser für diesen Baum
Ich bin gern seine Nahrung
Ich spüre, wie ich langsam durch seine Adern gleite
 ... Dieser Baum denkt
Ist sehr liebevoll
und - weise

Dieser Baum hat eine Seele
Ich spüre die Sanftheit, mit der er mich leitet
Durch seinen Stamm, durch seine Äste
Er führt mich durch sich hindurch
Läßt mich sein Güte
und seine Weisheit spüren

Langsam werde ich wie der Baum
Werde Eins mit ihm
Verbinde mich mit seiner Kraft
... seiner Weisheit
Seiner Größe und Gelassenheit

Und während ich die Grenze zu
dieser neuen Einheit überschreite
- mich in einen Teil des Baums verwandle
Durchflutet mich ein goldenes Licht
und schenkt mir Liebe,
Frieden und Geborgenheit

Voll innerer Dankbarkeit
nehme ich das goldene Licht
in meinem Herzen auf

TONSTROM

Einzelne
runde
schwarze Punkte
die sich von den Notenblättern lösen
- Noten
- ihrer Freiheit bewußt -
heben ab
Auf der Suche nach einer
neuen Heimat
einer neuen Melodie
Leicht und unbeschwert
erheben sie sich suchend in die Luft

Jeder Ton für sich
sucht sich einen nächsten
Sich mit ihm zu treffen
vielleicht zu duettieren
Langsam bilden sie eine Harmonie
Jeder einzelne Ton
immer auf der Suche nach
einem anderen
sich zu ergänzen
ein Ganzes zu werden
eine Melodie, die gemeinsam
weiterträgt
Jeder Ton ist ein Teil des anderen

Schwingend bewegen sie sich
von vorne nach hinten
von unten nach oben
und wieder zurück

Voller Freude tanzen sie durch die Luft
Können es noch gar nicht fassen
Wir sind eine neue Melodie
Wir sind ein neues Lied!
Neues Glück
werden wir schenken
Neue Freude und Liebe
werden wir verkünden
Seht, wir machen uns auf den Weg
Wir bilden eine magische Einheit
drehen und bewegen uns
Wir sind eine neue Einheit
ein ganzes Lied
Wir haben nun ein Ziel
haben Kraft und Energie!

So schwingen sie durch die Lüfte
durchdringen die Luft, die Erde und
das Wasser
Lassen sich wie Regentropfen in Flüsse fallen und
verbinden sich mit dem großen Strom

Und liegt ein Menschenherz auf ihrem Wege
so wird es sanft umkreist
... umschmiegt
Bis das Herz seine Tore öffnet
Jeder Ton, jede Note
darf nun passieren
Findet Einlaß in unendliche Weiten
Darf sich vermischen mit Liebe
... ..und Harmonie
die in jedem Menschen schlummert

Bringt das Herz neu zum Erblühen
Darf es neu entfachen
Da ist eine neue Schwingung
Läßt uns lachen
hüpfen
strahlen
- freudig durch das Leben gehen

Große Kinder mit Lebensfreude
unterwegs, die Welt mit Liebe zu durchdringen

Denn jeder von uns hat eine Melodie
die sein Herz zum Klingen bringt

AUFWACHEN

Langsam und gemächlich
mache ich mich wieder bereit
aus meinen Tiefen
emporzusteigen

Langsam wieder aufzutauchen ...

Ich mache mich auf den
Weg zurück ins Hier und Jetzt
Schritt für Schritt
Wie auf einer Treppe, die nach oben führt
gehe ich langsam und ruhig nach oben
meinem Wachbewußtsein entgegen

Ich versuche meinen Körper wieder zu spüren ...

Erst die Füße ...

dann die Beine ...

meine Hände ...

meine Arme ...

meine Schultern ...

meinen Hals ...

meinen Mund ...

meine Nase ...

meine Augen ...

Meine Aufmerksamkeit wendet sich langsam
von innen nach außen
Ich nehme Geräusche um mich herum wieder wahr
Und während ich noch ein paar Mal tief ein- und ausatme
komme ich mit meinen Gedanken wieder in die Gegenwart
zurück

Ich bin wieder da …

Fühle mich erholt und erfrischt
Und während ich mich nun räkele und strecke
spüre ich die neue, sanfte Energie,
die mich wohlig durchzieht